Wenn der
4. Advent brennt,
ist bald
Weihnachten.
Annika, 4 Jahre

Ich würde gern
ein Hirte sein,
dann könnte ich die
Engel singen hören.
Paula, 5 Jahre

Für ______________________

Von ______________________

Ich mag Weihnachten, weil
dann alle nett zueinander sind.
Sogar die Erwachsenen.
Ben, 8 Jahre

Warum muss man auf Weihnachten
immer so lange warten, und dann
ist es so schnell wieder vorbei?
Maya, 7 Jahre

Barbara Behr Edition

MIX
Papier aus verantwortungsvollen Quellen
FSC® C020056

Mineralöl freie Druckfarbe

ISBN 978-3-649-64490-3

Hafenweg 30, 48155 Münster, Germany
Illustration und grafische Gestaltung: Barbara Behr
Herausgegeben und mit Texten von Kristina Schaefer
Redaktion: Katrin Gebhardt

www.coppenrath.de

Kristina Schaefer (Hrsg.)

Jetzt kommt die schönste Zeit

Adventskalenderbuch mit 24 Ausklappseiten

COPPENRATH

Inhalt

Jetzt kommt die schönste Zeit

Der Abend ist vergangen,
die Nacht hat angefangen,
und träumend ruht der Wald.
Schneeflocken tanzen leise
auf ihrer weiten Reise,
bedecken festlich Stadt und Land.

Nun strahlen alle Sterne,
der Mond leuchtet von ferne
mit seinem Silberschein.
Ein Kindlein wird geboren,
es hat uns auserkoren
und soll uns hoch willkommen sein.

Wenn alle Kerzen brennen,
dann werden wir erkennen:
Jetzt kommt die schönste Zeit.
Drum lasst uns fröhlich singen,
ihm unsre Lieder bringen.
Das Christkind kommt, wir sind bereit.

Annemarie Wagner

VII

Weihnachten!

Das sind Festtage, die mir in freundlichem Schimmer lange entgegenleuchten.

E. T. A. Hoffmann

Gefühle nach dem Kalender… Wir haben alle nur keine Zeit, um gut zu sein, wie? Wir haben nur alle keine Zeit. Und müssen tausend- und tausendmal herunterschlucken und herunterdrücken und sind vielleicht im Grunde alle froh, allweihnachtlich einen Anlass gefunden zu haben, den gestauten Sentiments freien Lauf zu lassen. Wer erst nach dem Kalenderblatt sieht, sich vor den Kopf schlägt und „Ach, richtig!“ ruft – dem ist nicht zu helfen.

Nicht nach dem Kalender. Ihr tragt alle den Kalender in euch. Es ist ja nicht das Datum oder die bewusste Empfindung, heute müsse man nun… Es ist, wenn ihr überhaupt wisst, was ein Festtag ist, was Weihnachten ist: euer Herz.

Lasst uns einmal von dem Festtags-„Rummel“ absehen, der in einer großen Stadt unvermeidlich ist. Lasst uns einmal daran denken, wie Weihnachten gefeiert werden kann, unter wenigen Menschen, die sich verstehen. Das ist kein Ansichtskarten-Weihnachten. Das ist nicht das Weihnachten des 24. Dezembers allein – es ist das Weihnachten der Seele. Gibt es das –?

Es soll es geben. Und gibt es auch, wenn ihr nur wollt. Grüßt, ihr Herren, die Damen, küsst ihnen leise die Hand (bitte in meinem Auftrag) und sagt ihnen, man könne sogar seine Gefühle nach dem Kalender regeln: zum Geburtstag, zum Gedenktag – und zu Weihnachten.

Aber man muss welche haben.

Kurt Tucholsky

Gefühle nach dem Kalender

Eigentlich ist es ja ein bisschen merkwürdig: Wenn nur noch wenige dünne Kalenderblätter den Abreißer vom 24. Dezember trennen, so senkt sich jenes weihnachtliche Gefühl auf ihn hernieder, das ihr alle kennt. Er wird ein bisschen weich, er wird ein wenig träumerisch, und wenn der ganze Apparat des Einkaufs vorbeigeklappert ist, wenn all das Tosen und Wirken vorüber ist, dann saugt er doch an seiner Weihnachtszigarre und denkt sich dies und das und allerlei. Aber wie denn? Kann man denn seine Gefühle kommandieren –? Kann man denn – nach dem Kalender – seine Empfindungen regeln?
Man kann's nicht. Der Schnurriker Mynona erzählt einmal die Geschichte vom Schauspieler Nesselgrün, dem es plötzlich einfiel, sein ihm zustehendes Weihnachten im August zu feiern – und unter unendlichem Hallo geht denn diese deplatzierte Festlichkeit auch vor sich. Aber wir haben doch gelacht, als wir das lasen. Könnten wir andern das auch? Es ist wohl nicht nur die Furcht, uns lächerlich zu machen – es muss noch etwas anderes sein.
Der Grund, dass wir wirklich – jedes Weihnachten – in jedem Jahr – immer aufs Neue imstande sind, genau um den 24. Dezember herum die gleichen starken Gefühle zu hegen, liegt doch wohl darin, dass sie sich angesammelt haben. Es muss doch irgendetwas da sein, das tropfenweise anschwillt, das ganze Jahr hindurch.
Schließlich ist doch der Kalender etwas ganz Äußerliches, Relatives, wir sind in gewisser Hinsicht mit ihm verwachsen – aber die Zeit ist nicht in uns, wir sind in der Zeit. Und das kleine Blättchen, das den Vierundzwanzigsten anzeigt, ist kein Grund, es ist ein Signal und ein Anlass.
Ich habe immer das Gefühl, als ob wir jede Woche im Jahr weihnachtliche Empfindungen genug aufbrächten – aber gute Kaufleute, die wir sind, legen wir sie „in kleinen Posten" zurück, bis es sich einmal lohnt. Im Dezember ist dann das Maß meist voll …

Tausende von Kerzen

kann man am Licht einer Kerze
anzünden, ohne dass ihr Licht
schwächer wird.
Freude nimmt nicht ab,
wenn sie geteilt wird.

Friedrich von Bodelschwingh

2

Die vier Kerzen

Vier Kerzen brannten am Adventskranz. Es war ganz still. So still, dass man die Kerzen reden hörte.

Die erste Kerze seufzte: „Ich heiße Frieden. Ich möchte für die Menschen leuchten. Aber mein Licht hat keine Kraft mehr. Die Menschen halten keinen Frieden. Es scheint, als wollten sie mich nicht." Ihr Licht wurde immer kleiner und erlosch.

Die zweite Kerze flackerte auf und sagte: „Ich heiße Glauben. Ich möchte für die Menschen leuchten. Aber es ist, als ob ich überflüssig geworden wäre. Die Menschen fragen nicht mehr nach mir. Es hat keinen Sinn mehr, dass ich brenne." Ein Luftzug wehte durch den Raum und die zweite Kerze erlosch.

Leise und traurig meldete sich nun die dritte Kerze zu Wort: „Ich heiße Liebe. Ich möchte für die Menschen leuchten. Aber auch meine Kraft schwindet dahin. Die Menschen stellen mich zur Seite. Sie sehen nur sich selbst, nicht die anderen. Für die Liebe haben sie immer weniger Zeit und Platz. So muss mein Licht ersticken." Und mit einem letzten Aufflackern erlosch auch das dritte Licht.

Da kam ein Kind in den Raum. Es sah die Kerzen und erschrak: „Aber warum brennt ihr denn nicht mehr? Ihr solltet doch leuchten!" Das Kind wurde sehr traurig. Da tanzte der Lichtschein der vierten Kerze, und sie sprach: „Hab keine Angst und sei nicht traurig. Mein Licht brennt noch für die Menschen. Solange ich brenne, können wir auch die anderen drei Kerzen wieder anzünden. Denn ich heiße Hoffnung." Da nahm das Kind Licht von dieser Kerze und zündete die anderen wieder an.

Volksgut

Hörst auch du die leisen Stimmen
aus den bunten Kerzlein dringen?
Die vergessenen Gebete
aus den Tannenzweiglein singen?

Hörst auch du das schüchtern frohe,
helle Kinderlachen klingen?
Schaust auch du den stillen Engel
mit den reinen, weißen Schwingen?

Schaust auch du dich selber wieder,
fern und fremd nur wie im Traume?
Grüßt auch dich mit Märchenaugen
deine Kindheit aus dem Baume?

Ada Christen

Liebeläutend zieht durch Kerzenhelle
mild, wie Wälderduft, die Weihnachtszeit.
Und ein schlichtes Glück streut auf die Schwelle
schöne Blumen der Vergangenheit.
Hand schmiegt sich an Hand im engen Kreise
und das alte Lied von Gott und Christ
bebt durch Seelen und verkündet leise,
dass die kleinste Welt die größte ist.

Joachim Ringelnatz

3

Meine liebe gute Mama,

von weit, wirklich aus fremdem Land und Erdteil, kommt diesmal mein Weihnachtsgedenken, und doch empfinde ich dieser Tatsache gegenüber mit umso mehr Innigkeit das Bewusstsein, dass unsere Gedanken in der jährlichen Bescherungsstunde sich deshalb nicht schwerer zueinanderfinden und berühren werden, sondern dass ich Deinem stillen Feierlichsein ganz nahe sein werde mit treuester Teilnehmung und Zugehörigkeit. Also, meine liebe Mama, einen herzlichen Kuss in der feierlichen Weihnachtsstunde, der stillsten im Jahr, der heimlichsten, in der immer noch im Unsichtbaren sich Wünsche bis zum Äußersten anspannen und wunderbar erfüllen: Verbringe sie in einer tiefen großen Sammlung Deines Herzens. Lass allen Zweifel und alles Nichtverstehen aus, wir haben eine Stelle in uns an diesem Abend, wo wir einfach Kind sind, das erwartet, vertraut und unbeirrt dasteht in seinem Recht auf große Freude: Dies ist Weihnachten, einmal im Jahr diese Erwartung in sich fühlen, dieses feste, durch nichts enttäuschbare Anrecht, – fühlen, dass im Grunde unsere größten Wünsche, wenn wir sie nur recht ins Herz fassen, nicht unerfüllt bleiben können, dass wir gar keinen Moment den Wunsch, sondern eigentlich schon eine kleine Erfüllung in uns tragen, die wir der Pflege Gottes überlassen müssen, der sie großzieht und zu Ansehen bringt aus unserem Erdreich.
Das sind, liebste Mama, meine Weihnachtsgedanken zu Dir hin, empfinde sie in ihrer Wärme und lass sie zusammen mit den Deinen den Raum in Deinem Herzen erfüllen.
Also, meine liebe Mama, Mut, Zuversicht und ein helles Herz. Am 24. um 6 Uhr, wie immer, nehm ich im Geiste teil an Deiner lieben Feier und halte mich Dir nah. Dich umarmt Dein
alter René

Rainer Maria Rilke an seine Mutter, Tunis 1910

Ein wunderbares Fest

Mir ist die ganze Zeit so nach Weihnachten zumute … Es ist solch ein wunderbares Fest. Und ist eins, das lebt und wärmt. Es ist ein Fest für Mütter und Kinder, und auch für Väter. Es ist ein Fest für alle Menschheit. Es kommt über einen und legt sich warm und weich auf einen und duftet nach Tannen und Wachskerzen und Lebkuchenmännern und nach vielem, was es gab, und nach vielem, was es geben wird. Ich habe das Gefühl, dass man mit Weihnachten wachsen muss. Mir ist, als ob dann Barrikaden fallen, die man mühsam und kleinlich gegen so vieles und viele aufgebaut hat, als ob man weiter würde und das Gefäß allumfassender, auf dass darin jedes Jahr eine neue weiße Rose aufblühe und den andern zuwinkt und in sie hineinleuchtet und ihnen die Wange streicht mit ihrem Geschimmer und die Welt erfüllt mit Schönheit und Duft.

Paula Modersohn-Becker an Rainer Maria Rilke, 1900

Schenke groß oder klein,
aber immer gediegen.
Wenn die Bedachten die Gaben wiegen,
sei dein Gewissen rein.

Schenke herzlich und frei.
Schenke dabei,
was in dir wohnt
an Meinung, Geschmack und Humor,
sodass die eigene Freude zuvor
dich reichlich belohnt.

Schenke mit Geist, ohne List.
Sei eingedenk,
dass dein Geschenk
du selber bist.

Joachim Ringelnatz

4

Bei Mutter wussten wir unsere Wunschzettel in besten Händen, denn dass sie und das Christkind in enger Verbindung standen, war unser fester Glaube. Wie hätte sie denn auch sonst so oft und ernst sagen können: „Wenn du so bist, so betrübst du das liebe Christkind." Oder aber lustig: „Ich weiß etwas vom Christkind – na, Kinder, ihr könnt euch freuen; aber ich darf nichts verraten!"
Und wie wurde dieses Freuen gesteigert! Nach jedem Ausgang, den sie machte, lag ein Stückchen Goldpapier auf dem Boden, das wohl das Christkind verloren hatte, oder wir bekamen ein kleines Bonbon aus der „Tüte des Christkinds" – oder aber, das war das Wunderbarste, was geschehen konnte, es scholl aus der Tiefe ihrer schwarzen Ledertaschen heraus plötzlich ein kleiner Trompetenstoß oder ein Harmonikaton, der sofort wieder verstummte und einfach nicht mehr zu erwecken war.
Das Schönste in diesen Wochen blieb aber das geheimnisvolle Arbeitendürfen für andere. O, diese Abende voll Überlegens, Besprechens und Bastelns, voll Geheimnistuerei, was die Eltern anbelangte und wieder untereinander … Geheimnisse, Geheimnisse!

Tony Schumacher

Wie meine Mutter Weihnachten feierte

Endlich war er da, der ersehnte erste Advent. Wie herrlich war es, wenn an diesem ersten der vier Sonntage vor Weihnachten Mutter am Abend mit schönen weißen Papierbögen hereinkam, diese mit einem langen Papiermesser in Streifen schnitt und sagte: „Kinder, jetzt werden die Wunschzettel geschrieben!" Jedes von uns bekam einen Bleistift, und nun ging es los, das Besinnen, das eifrige Schreiben, bis das Papier kaum reichen wollte und wir ganz rote Köpfe hatten. Was hatten wir für Wünsche! Wünsche der unsagbarsten Art, von „Für einen Sechser Bärendreck (Süßholzsaft)" bis zu einem Hund oder Geißbock oder gar zu einem Brüderchen oder Schwesterchen. Und während man seine Fantasie walten ließ, war's schon fast so, als besäße man bereits alle diese Dinge; so leuchtend und greifbar standen sie vor einem. Wenn Mutter die Zettel einsammelte und durchlas und lachend da und dort durch die verwegensten Sachen einen Strich machte und sagte: „Wie könnt ihr dem Christkind zumuten, so was Schweres, Großes oder gar Zappelndes zu tragen?", so waren wir's auch zufrieden. War's ja doch schön gewesen, sich überhaupt derartiges auszudenken.

Ich wünsch mir was!

Was ist denn das?
Das ist ein Schloss aus Marzipan
mit Türmen aus Rosinen dran
und Mandeln an den Ecken.
Ganz zuckersüß und braungebrannt
und jede Wand aus Zuckerkand –
da kann man tüchtig schlecken!
Und Diener laufen hin und her
mit Saft und Marmelade
und drinnen, in dem Schlosse drin,
sitzt meine Frau, die Königin –
die ist aus Schokolade!

Volksgut

5

machte manchmal einen Spaß dabei. Da lagen sie nun, die Sternlein und Blumen, Hasen und Vögel, die Glocken und Herzen. Und im Marzipanteig wölbten sich Ross und Reiter, Rosen und Tulpen, hoben sich Gockelhähne, Rehfamilien und Schäferinnen. Wie ein süßer Zauberberg roch die Stube. Wurden die Teigreste wieder zusammengewalkt, so stibitzte man immer ein Fetzchen von dem süßen, rohen Teig, und das schmeckte fast noch besser als das Gebäck selbst. Man blieb länger auf an solchen Abenden, und wenn die ersten Plätzchen heiß und duftend aus dem Rohr kamen, reckte alles die Hälse.
War ausgebacken, so wurde alles Backwerk in die großen Schachteln getan, die standen im Kammerl auf dem höchsten Kasten und warteten auf die weihnachtliche Erlösung. Sehnsüchtig gingen die Kinderaugen da hinauf und bettelten bei der Mutter. Die ließ sich dann manchmal doch erweichen und spendierte für besondere Bravheit, für außergewöhnlichen Fleiß hin und wieder ein Stückl, nicht ohne zu seufzen. Aber es blieb immer noch genug, um jedes Körbchen bis zum Rand zu füllen, und selig war man dann, wenn man ein Stückl wiedererkannte, das man selbst ausgestochen hatte.

Julius Kreis

Backen

Der Advent hat seinen eigenen Duft. Fast in jeder Wohnung spürt man ein Rüchlein davon: Kripperlrinde, Tannenzweige, Wachs und vor allem in den Küchen und Gängen von Mal zu Mal genau vertraute Geschmäcklein nach Weihnachtsgebackenem, nach Zucker und gewürztem Teig, nach Zitronat, Mandeln, Maronen, Arrak… In den Bürgerhäusern ist noch aus Urgroßmutters Tagen ein vergilbtes, stockfleckiges Heft da. Die Schrift darin ist mit Liebe und Sorgfalt, mit kleinen biedermeierlichen Schnörkeln gesetzt, alte Maße und Gewichte finden sich: ein »Maßl« Mehl, zehn »Loth« Zucker, ein »Deka« Muskat, ein bisschen umständlich ist alles beschrieben: »Man nehme« … »alsdann thue man« … »rühre das Ganze emsig und guth ineinander« …
Dann wechselt die Schrift: Großmutter hat das Buch fortgeführt, die Mutter hat es ergänzt. Ein Geschlecht von Schriften, ein Geschlecht von Köchinnen. Zwischenhinein haben Kinderfinger, die nun auch längst alt und knorpelig geworden sind, ihr Krikelkrakel gemalt. Für Marzipan, Butterteig, Haselnuss, Zimtsterne, für drei Dutzend guter Weihnachtssachen ist hier der rechte Wegweiser. Weihnachtsbackwerk muss jenseits der Alltagsküche hergestellt werden. Am späten Nachmittag, am Abend. Herrliche Erinnerung aus der Kinderzeit: Da kam man an einem frostigen Dezembertag rotgefroren, die Schlittschuhe in den klammen Fingern, gegen Abend heim, und aus der geöffneten Wohnungstür roch es nach heißem Kaffee. Die Rohrnudel lag neben der Tasse, die Petroleumlampe blakte schon, aber noch etwas lag in der Luft: Weihnachtsguteln! Dann jagte uns die Mutter mit freundlichem Schelten vom Tisch weg und kam mit Teigschüssel und Nudelbrett, mit Orangeat und Zitronat, mit Haselnüssen und Nusskernen, und da wurde gewalkt und geschlagen, geschnitten und gerieben. Die Mädchen durften dabei die Hand reichen. Wir Kleinen aber sahen mit runden, gierigen Augen auf Rosinen und Zibeben, Nüsse und Zucker, und es kribbelte in den Händen… Da hatte die Mutter ein Einsehen und schob jedem ein paar Kerne und Weinbeerl zu. An ihnen hing schon Weihnachten. War erst der Teig ausgewalkt, so kam das hohe Fest des Ausstechens und bei Marzipan des Modellierens. Da tat wohl auch der gestrenge Vater mit und

6

Nikolaus, du guter Mann

Nikolaus, du guter Mann,
hast einen schönen Mantel an.
Die Knöpfe sind so blank geputzt,
dein weißer Bart ist auch gestutzt.

Die Stiefel sind so spiegelblank,
die Zipfelmütze fein und lang.
Die Augenbrauen sind so dicht,
so lieb und gut ist dein Gesicht.

Du kamst den weiten Weg von fern
und deine Hände geben gern.
Du weißt, wie alle Kinder sind:
Ich glaub, ich war ein braves Kind.

Sonst wärst du ja nicht hier
und kämest nicht zu mir.
Du musst dich sicher plagen,
den schweren Sack zu tragen.

Drum, lieber Nikolaus,
pack ihn doch einfach aus.

Volksgut

Das Wunder

Der Student rief sich noch einmal alles in Erinnerung, was man ihm beim Nikolaus-Verleihdienst eingeprägt hatte. Auf keinen Fall dürft ihr den Kinderschreck machen, hatte man ihnen gesagt. Auch dann nicht, wenn die Eltern es wünschten. Der Student hatte sich alle Mühe gegeben, den frommen und guten Nikolaus darzustellen. Aber es half nichts. Das Kind schrie wie am Spieß. Die schützende Umarmung der Mutter wies es weit von sich. In seinen Augen stand der Schrecken vor der unbekannten Gestalt. Der Student unternahm einen neuen Versuch. Er beugte sich tief hinunter, um die kleine Hand zu ergreifen. Aber wie elektrisiert verkrampften sich die Hände des Kindes auf dem Rücken. Die Mutter machte eine resignierende Handbewegung und gab dem Studenten ein Zeichen, das Zimmer zu verlassen.

Der aber tat, als habe er nichts verstanden. Ganz langsam nahm er die Bischofsmütze vom Kopf, zog die Brille ab und legte mit einer schnellen Handbewegung den weiten roten Mantel zur Seite. Das Kind sah dem Entkleidungsspiel mit großen Augen zu. Es vergaß zu weinen, hielt aber weiterhin die Hände auf dem Rücken verschränkt. Jetzt löste der Student den langen Bart. Ein junges, verlegenes Gesicht kam unter dem Bart hervor. Dieses Gesicht sah lächelnd das Kind an. Das Kind studierte das Gesicht. Die Hände kamen hinter dem Rücken hervor und streichelten vorsichtig das junge Gesicht. Schade, sagten die Erwachsenen, der ganze Zauber ist dahin. Der Student und das Kind hörten es nicht. Sie lachten miteinander. Und während sie miteinander lachten und erzählten, nahm das Kind den falschen Bart, streifte ihn dem Studenten über, versuchte mit ungeschickten Händen, ihm die Mitra aufzusetzen und gab nicht eher Ruhe, als bis der Student auch wieder den roten Mantel trug. Der Student erzählte währenddessen die Geschichte vom Nikolaus: dass er schon lange tot und ein guter Mensch gewesen sei. Besonders zu den Kindern. Und er erzählte, dass seither junge Männer in die Rolle des Nikolaus schlüpfen, um an ihn zu erinnern. Das Kind hörte mit großen Augen zu.

Der Zauber ist dahin, sagten die Erwachsenen. – Was uns bleibt, ist das Wunder, dachte der Student.

Gerhard Eberts

„Fröhliche Weihnacht überall!",
tönet durch die Lüfte froher Schall.
Weihnachtston, Weihnachtsbaum,
Weihnachtsduft in jedem Raum!

Hoffmann von Fallersleben

Weihnachten

Das Weihnachtsfest

Auch ein **dekoratives weihnachtliches Potpourri** lässt sich leicht selbst herstellen: Auf einem Teller mit einem Bett von frischen Tannenzweigen verteilen wir nach persönlichem Geschmack ausgewählte weihnachtliche Duftspender: dünne Scheiben von Äpfeln, Orangen, Mandarinen und/oder Zitronen, die wir zuvor im Backofen bei niedriger Temperatur getrocknet haben, dazu Zimtstangen, Gewürznelken, Lorbeerblätter, Vanilleschoten, Kardamomkapseln, Muskatnüsse, Sternanis, Tonkabohnen, auch Tannen- oder Kiefernzapfen. Am schönsten entfalten sie ihren Duft, wenn sie auf einer Fensterbank über der Heizung stehen.

Zur Herstellung von **Räucherstäbchen** und **Räucherkegeln** gibt es im Internet viele einfache Anleitungen. Kreieren Sie Ihre Lieblingsdüfte preiswerter, nachhaltiger und individueller als mit gekaufter Ware.

Alle diese Vorschläge eignen sich übrigens auch als **kleine Geschenke** oder **Mitbringsel** für liebe Menschen in der Vorweihnachtszeit! Mehr DIY-Geschenkideen finden sich auf den Seiten zum 18. Dezember.

Weihnachtsduft in jedem Raum

Den schönsten Duft im Haus verbreiten natürlich unsere selbst gebackenen Plätzchen: Lebkuchen, Pfeffernüsse, Zimtsterne und Vanillehörnchen, Ingwerkekse, Kokosmakronen, Schokoladentaler … – aber wer will schon die ganze Adventszeit am Herd verbringen? Viele für Weihnachten typische Wohlgerüche lassen sich auch mit einfacheren Mitteln in der Wohnung verbreiten.

Tannenduft: Frische Kiefern- oder Fichtennadeln auf einem feuerfesten Untergrund mit einem Feuerzeug ansengen (Vorsicht, das kann etwas spritzen und sprühen!) und den Duft der freigesetzten ätherischen Öle genießen. Edelgehölze wie Nobilis oder Nordmanntanne harzen zwar nicht, verbreiten dafür aber auch nur wenig Duft.

Pomander ist ein schönes altes Wort für frische Orangen, die wir in beliebigen Mustern (Herzen, Sterne, Wellenlinien) mit Gewürznelken spicken. In einer Schale aufgestellt oder am Band aufgehängt, sind sie zudem eine wunderbare und ungewöhnliche Weihnachtsdekoration.

8

Das Weihnachtsfest war nahe

Das Weihnachtsfest war nahe, wir konnten die Tage bis zum 24. Dezember schon an den Fingern abzählen, als sich etwas begab, das uns in die größte Aufregung versetzte. Vor unsern Nasen gleichsam verschwanden unsere Puppen. Auf einmal waren alle fort. Eine vollständige Puppenauswanderung hatte stattgefunden.

Das Bett, in das Fritzi gerade noch ihre älteste Tochter, die große Christine, schlafen gelegt hatte – leer. Die Angehörigen Christines hinweggefegt, als ob sie nie dagewesen wären. Meine blonde Fanchette, die freilich von der Blondheit nur noch den Ruf besaß – denn eine geduldige Friseurin war ich nicht – ebenfalls unauffindbar.

Wir kramten vergeblich nach ihr in unseren Laden, durchforschten alle Schränke und Winkel. Wir liefen ins Kinderzimmer und klagten die armen kleinen Brüder des Raubes unserer Puppen an …

Dass wir auch im vorigen Jahr kurze Zeit vor Weihnachten denselben Jammer erlebt und dann unter dem Christbaum ebenso viele Puppen, als wir vermisst hatten, mit glänzenden lackierten Gesichtern, reichen Locken und schön gekleidet sitzen sahen, fiel uns nicht ein.

Oh, wir waren dumme Kinder! Ich glaube nicht, dass es heutzutage noch so dumme Kinder gibt …

Marie von Ebner-Eschenbach

Vor Weihnachten

Heimliche Zeit,
wenn es draußen friert und schneit
und der Christ ist nicht mehr weit!

Wie's tuschelt in den entferntesten Ecken,
kichert und lacht!
Überall Bepacktsein, Verstecken;
Vorfreude: wie anderen Freude man macht!
Hoffen und Wünschen webt feiernd durchs Zimmer:
ein Heinzelmannwirken im Lampenschimmer.

Mich deucht, ich sah einen güldenen Schein:
Guckt da nicht Sankt Niklas ins Fenster herein?
Glocken erklingen in weiter Ferne.
Bratäpfelduft aus dem Ofen quoll.
Am nachtklaren Himmel schimmern die Sterne
verheißungsvoll.
Und schauen das Treiben und freuen sich mit
bei der eilenden Menschen froh klingendem Schritt.

Friedvolles Hasten weit und breit:
Weihnacht ist nahe! O heimliche Zeit!

Albert Sergel

9

Weihnacht

»Christkind ist da«,
sangen die Engel im Kreise
über der Krippe
immerzu.
Der Esel sagte leise
I-a
und der Ochse sein Muh.
Der Herr der Welten
ließ alles gelten.
Es dürfen auch nahen
ich und du.

Josef Guggenmos

Das Wichtigste an Weihnachten

Die Tiere disputierten einmal über Weihnachten … Sie stritten, was wohl die Hauptsache an Weihnachten sei.

»Na klar, Gänsebraten«, sagte der Fuchs. »Was wäre Weihnachten ohne Gänsebraten?«

»Schnee«, sagte der Eisbär. »Viel Schnee.« Und er schwärmte verzückt von der weißen Weihnacht.

Das Reh sagte: »Ich brauche aber einen Tannenbaum, sonst kann ich nicht Weihnachten feiern.«

»Aber nicht so viele Kerzen«, heulte die Eule. »Schön schummrig und gemütlich muss es sein. Stimmung ist die Hauptsache.«

»Aber mein neues Kleid muss man sehen«, sagte der Pfau. »Wenn ich kein neues Kleid kriege, ist für mich kein Weihnachten.«

»Und Schmuck!«, krächzte die Elster. »Jedes Weihnachten bekomme ich was: einen Ring, ein Armband. Oder eine Brosche oder eine Kette. Das ist für mich das Allerschönste an Weihnachten.«

»Na, aber bitte den Stollen nicht vergessen«, brummte der Bär, »das ist doch die Hauptsache. Wenn es den nicht gibt und all die süßen Sachen, verzichte ich auf Weihnachten.«

»Mach's wie ich«, sagte der Dachs, »pennen, pennen, pennen. Das ist das Wahre. Weihnachten heißt für mich: mal richtig pennen.«

»Und saufen«, ergänzte der Ochse. »Mal richtig einen saufen – und dann pennen.« Aber da schrie er »Aua«, denn der Esel hatte ihm einen gewaltigen Tritt versetzt.

»Du Ochse du, denkst du denn nicht an das Kind?« Da senkte der Ochse beschämt den Kopf und sagte: »Das Kind. Jaja, das Kind – das ist doch die Hauptsache. Übrigens«, fragte er dann den Esel, »wissen das eigentlich die Menschen?«

Johannes Hildebrandt

10

Stimme, in der plötzlich eine Freude klang. „Blumen für mich“, sagte sie noch einmal, „und ich darf sie behalten.“ Sie nahm die lichten Frühlingskinder und hob sie an ihre Wangen und atmete den Duft ein. Auf ihrem Gesicht lag ein Glänzen. Sie sah nicht den Weihnachtsbaum mit seinen schimmernden Lichtlein, sie sah uns nicht, die wir erschüttert an ihrem Bett standen – sie sah nur die Blumen, und ihre Seele lauschte diesem Ruf aus einer lichten Welt. Wir gingen still hinaus. In der Türe wandte ich mich um und nahm die ganze trostlose Umgebung, in der sie lag, noch einmal in mich auf. Sie aber lag friedlich da, im Licht der Weihnachtskerzen, die Hände dicht um die Frühlingsblumen geschlossen, die hellen Blüten an ihre dunkle Wange gedrückt. Ihre Augen waren geschlossen – auf ihrem Gesicht war Frieden.

Monika Hunnius

Wir werden Frieden finden.
Wir werden Engel hören und
wir werden den diamantenen,
glitzernden Himmel sehen.

Anton P. Tschechow

Eine Weihnachtsfahrt

Wir waren wieder einmal auf unseren Weihnachtsfahrten zu den Armen. Unser Weg führte uns auch dieses Mal in einen der entferntesten Vororte Rigas. Wir hielten vor einem hohen Steinhaus, wo wir mit unserem Weihnachtsbäumchen eine arme Frau aufsuchen wollten. Eine Nachbarin wies uns eine Steintreppe hinauf, die wir mühsam emporkletterten, und wir standen bald in einem großen, dunklen Zimmer, das von einer Petroleumlampe kaum erhellt wurde. Als wir die Tür öffneten, konnte man zuerst fast nichts in dem dunklen Raum unterscheiden. Als unsere Augen sich an die Dämmerung gewöhnt hatten, entdeckten wir an der Wand ein schmales Bett, in dem eine kleine dunkle Gestalt zusammengekrümmt lag. Wir traten ans Bett, stellten das mitgebrachte Weihnachtsbäumchen auf ein Tischchen – der Pastor las das Weihnachtsevangelium, wir sangen Weihnachtslieder. Mit bösem, hartem Ausdruck blickte die Kranke zu uns herüber; ihr Gesicht hatte etwas von einem Raubvogel, keine Freude, nicht einmal Staunen sprach aus den runden, bösen Augen. Der Pastor redete einige Worte zu ihr, von der Freude, die heute in die Welt gekommen wäre – sie sah ihm starr ins Gesicht, ohne eine Miene zu verziehen; sie konnte die frohe Botschaft nicht hören, ihr Herz war verschlossen und tot.

Der Pastor fragte sie, ob sie jemand habe, der sich um sie kümmerte. – Ja, ihre Söhne – am Morgen gingen sie auf Arbeit aus, stellten ihr das Nötige hin und kämen am Abend wieder – den ganzen Tag läge sie allein. – Ob ihr die Einsamkeit schwer zu tragen wäre? – Sie antwortete nicht darauf. Ein Jammer um dieses lichtlose Leben fasste unsere Herzen. Eine freundliche Blumenhändlerin hatte mir einen großen Strauß Frühlingsblumen für meine Armenfahrt mitgegeben. Ich griff in mein Körbchen, wo ich sie sorgsam gegen die Winterkälte verwahrt hatte, und legte sie alle der Kranken auf die Brust. Mit ihren dunklen, verkrümmten Fingern fasste sie vorsichtig nach ihnen wie nach etwas Unwirklichem. Und dann ging eine merkwürdige Veränderung in dem harten, scharfen Gesicht vor sich: Es brach wie ein Leuchten aus ihren Augen. „Blumen, lebendige Blumen“, sagte die harte

Weihnachtszeit!
Wer spricht von Siegen?
Überstehen ist alles!

Rainer Maria Rilke

Mary Christmas

Mary Christmas war eine kapriziöse Schönheit. Das ganze Jahr eher unscheinbar, lief sie immer kurz vor ihrem Geburtstag am 24. Dezember zu Höchstform auf. Sie behängte sich mit Flitter, Glitter und allerlei blinkenden Lichtern und rannte meist schon ab September aufgeregt durch die Straßen und Kaufhäuser. Das kam bei der Bevölkerung jedes Jahr aufs Neue gut an. Findige Sammler schickten in Marys Namen Bettelbriefe, machten Spendensammlungen und Hilfsaufrufe. Und die Kaufhausbesitzer wollten die Massen anregen, sich zu Marys Geburtstag gegenseitig zu beschenken. Liedermacher schrieben endlose Texte über sie. Handwerker bauten ihr Elternhaus, eine eher bescheidene Unterkunft, nach und schmückten sie dann mit allerlei Krimskrams und Figuren.

Ihr zu Ehren vollführten Generationen von Schülern Theateraufführungen und sangen immer wieder die gleichen langweiligen Lieder.

Am Abend ihres Geburtstages spielten sich in vielen Häusern wahre Dramen ab. Jeder wartete darauf, dass Mary Christmas zu ihm kam. Und wenn sie dann nicht erschien, was ja schließlich auch nicht möglich war, gifteten die Leute sich trotz aller Geschenke und nicht selten nach zu reichlichem Alkoholgenuss – man musste ja auf Marys Wohl anstoßen – heftig an, was oft ganze Familien auf ewig entzweite.

Wenn Mary das dann mitbekam, verfiel sie jedes Jahr wieder in eine heftige Depression, von der sie sich erst im September des darauffolgenden Jahres wieder so richtig erholt hatte. Kurz bevor sie wieder zur Hochform auflief.

Elke Stockmann

Wer könnte unempfindsam sein gegen das Strömen guter, warmer Gefühle, jenes Nehmen und Geben von Zärtlichkeit und Liebe, woran diese Zeit des Jahres so reich ist?
Eine Familienweihnacht! Wir kennen auf der Welt nichts Herrlicheres. Schon in dem Namen
Weihnacht
scheint ein besonderer Zauber zu liegen …

Charles Dickens

12

Bratäpfel zum Beispiel machen nicht viel Mühe, sind aber köstlich und duften unwiderstehlich durchs Haus:
Der Kipfel, der Kapfel, der goldbraune Apfel …
Die Äpfel waschen und ausstechen, mit einer Mischung aus Rosinen, Mandelsplittern und Marzipan, wahlweise Aprikosenmarmelade oder Honig sowie Zimt füllen, ein Flöckchen Butter oder Margarine draufsetzen, dann im Ofen bei 200 °C (Umluft 175 °C) etwa 25 Minuten braten. Dazu gibt es Vanillesoße oder Vanilleeis.

Wie wäre es mit einem **Kinderpunsch** für die Kleinen?
Für einen Liter braucht man:
½ Liter kochendes Wasser, mit zwei Beuteln Früchtetee aufgegossen, dazu ½ Liter klaren Apfel- oder Traubensaft und das Ausgepresste einer Zitrone sowie einer Orange. Gewürzt wird mit Zimt, 4–5 Gewürznelken, braunem Zucker und Vanillezucker nach Geschmack. Das ergibt ein tolles Aroma, auch ohne Alkohol!

Die Großen wie die Kleinen verwöhnen wir mit einem nach Weihnachten schmeckenden **Zimtkakao**. Besonders lecker, wenn er noch mit einem Schlagsahnehäubchen versehen und dies leicht mit Kakao verziert ist. Alternativ kann man auch mal Tonkabohne dafür verwenden, deren Geschmack ein bisschen an Mandel und Vanille erinnert.

Weihnachtszeit – Wohlfühlzeit

Als ganz schön hektisch und stressig empfinden die meisten Menschen die Wochen vor dem Fest. Jede Menge Karten wollen geschrieben werden, Geschenke ausgedacht und besorgt, Plätzchen gebacken, die Wohnung geschmückt, Weihnachtsbesuche vorbereitet und ein Essensplan für die Feiertage erstellt sein.

Dabei sollte der Advent doch eigentlich eine stille, besinnliche Zeit sein. Wie schaffen wir es, uns selbst und unseren Familien kleine Oasen der Nähe und Wärme zu schaffen und unseren Kindern schöne Weihnachtserinnerungen mit auf ihren Weg ins Leben zu geben?

Wäre es mit dem Terminplan aller vereinbar, an jedem Tag eine feste Stunde, zum Beispiel am späten Nachmittag, vor dem Abendessen, einem gemütlichen Beisammensein zu widmen? Oder wenigstens an den Adventssonntagen? Die Kerzen auf dem Adventskranz anzünden, Kekse (auch mal Trockenobst) auf den Tisch stellen, Nüsse knacken, spielen, Geschichten vorlesen, in alten Fotoalben blättern und von früher erzählen, Weihnachtsmusik hören, Adventslieder singen – nah zusammenrücken. **Kuschelzeit, Austauschzeit.** Das können wir mit einem leckeren Verwöhnprogramm noch attraktiver machen.

13

Auf einmal klingelte es vor dem Haus so sonderbar und leise durch die dunkle Nacht und da kam wahrhaftig ein Eselein einhergetrabt, neben dem ging ein Mann mit einem weißen, langen Bart und auf dem Esel saß ein wunderschöner Engel, mit hellglänzenden Flügeln und einem lichtblauen Gewand. Das konnte niemand anders sein als unser liebes Christkind mit seinem getreuen Nikolaus. Christkind schellte laut und lange, sodass drinnen in der Stube alle in die Höhe fuhren und zur Tür eilten. Der Nikolaus aber rief mit seiner Bärenstimme: „Es soll niemand herauskommen als das Mariechen!“

Da liefen alle wieder zurück und nur Mariechen kam unerschrocken heraus und sagte: „Da bin ich, was soll ich tun?“ „Komm in die Küche!“, brummte der Nikolaus jetzt etwas sanfter. Da war alles ganz erfüllt von wunderbarem Glanz und Mariechen sah das Christkind leibhaftig vor sich stehen. Das nahm Mariechen in die Arme, küsste es auf die Stirn und sagte: „Ich gab dir gestern auf dem Weihnachtsmarkt die Trompete für den Bruder, weil du ihm lieber als dir selbst eine Freude gönntest, und darum will ich heute auch dir ein Vergnügen bereiten. Weil du so gerne gibst, sollst du jetzt deinen Lieben an meiner Stelle bescheren.“

Mariechen wusste nicht, ob es träumte oder wachte, aber es lief hinein und rief zwischen Weinen und Lachen alle zusammen. Nun fing der Nikolaus an auszupacken. Mitten auf den Tisch stellte er einen Christbaum, der war wunderschön geschmückt und mit Lichtern übersät. Dann wurden drum herum große Herzlebkuchen gelegt, für jeden einen. Auf jedem schichtete Christkind ein Häufchen Äpfel, Nüsse und Anisgebackenes und legte die Päckchen daneben, die Nikolaus ihm reichte. Mariechen half verteilen und auspacken. Als sie fertig waren, sagte Christkind: „Für dich, Mariechen, habe ich nichts, was meinst du dazu?“

„O, liebes Christkind“, rief Mariechen, „ich bin doch die Glücklichste von allen, indem ich den andern bescheren und ihre Freude sehen darf.“ Da küsste das Christkind Mariechen wieder auf die Stirn: „Bleib so gut und liebevoll und es wird dir wohl gehen auf Erden und alle Menschen werden dich lieben!“

„Wir müssen fort“, mahnte der Nikolaus, „wir sind noch lange nicht fertig.“

„Ich komme schon, alter Brummbär“, sagte Christkind, breitete seine Flügel auseinander, lächelte Mariechen noch einmal freundlich zu und – fort waren sie. Nur ganz aus der Ferne hörte man noch Eselchens Glöcklein erklingen.

Nach Luise Büchner

Die Geschichte vom Weihnachtsmarkt

In alten Zeiten war der Weihnachtsmarkt schon genauso schön wie heute und alle Kinder gingen hin, um die Herrlichkeiten zu betrachten. Das Christkind mischte sich schon damals gern unbemerkt unter die Menge; über sein weißes Kleid hatte es einen langen, dunklen Mantel mit einer Kapuze gezogen. So hörte es, was die Leute miteinander redeten, was sie sich wünschten und ob sie sich bescheiden oder habgierig benahmen.

Eine Bude war umdrängt von Kindern, die voll Sehnsucht die wundervollen Puppen und herrlichen Spielsachen betrachteten. Das Christkind freute sich an ihrer Freude und lachte fröhlich mit ihnen. Auf einmal sah es ein kleines Mädchen von etwa zehn Jahren, das einen zappelnden Buben auf dem Arm hielt. Immer wieder zeigte er zu den schönen Sachen hinauf. Sie musste sehr arm sein, denn sie hatte ein ganz dünnes Röckchen an. Christkind ging zu dem Mädchen, legte ihm leise die Hand auf die Schulter und sagte freundlich: „Liebes Kind, wähle aus, was du am liebsten haben möchtest, ich will es dir zum Weihnachtsgeschenk geben."

Das Kind wurde rot vor Freude und schaute verlangend in die Pracht, da hob das Brüderchen wieder jauchzend die Hand empor. Das Mädchen drückte ihn an sich und sagte schüchtern: „Wenn Sie mir wirklich eine Freude machen wollen, so geben Sie meinem Brüderchen die goldglänzende Trompete, die da oben hängt, er möchte sie gar zu gern haben."

Dem guten Christkind kamen die Tränen, als es das hörte. Das war ein Kind nach seinem Sinn. Schnell nahm es die Trompete herunter, reichte sie dem Kleinen, der hell auflachte, und ging weiter. Das Christkind wusste aber, dass dieses brave Kind Mariechen hieß, dass seine Eltern sehr arm waren und sie ganz am Ende der Stadt in einem kleinen Häuschen wohnten.

Am nächsten Abend war Weihnacht. Schon flammten überall die Christbäume, in dem kleinen Häuschen aber war es dunkel und still. „Wir sind zu arm, wir können das Christkind nicht bestellen", sagte die Mutter traurig zu ihren fünf Kindern. Nur der kleine Bruder schmetterte laut auf seiner Trompete, und Mariechen sagte: „Ach, wir sind doch vergnügt, wir haben einander ja so lieb."

Ein Kind –

von einem Schiefertafel-Schwämmchen
umhüpft – rennt froh durch mein Gemüt.
Bald ist es Weihnacht! –
Wenn der Christbaum blüht,
dann blüht er Flämmchen.
Und Flämmchen heizen.
Und die Wärme stimmt
uns mild. – Es werden Lieder, Düfte fächeln.
Wer nicht mehr Flämmchen hat,
wenn nur noch Fünkchen glimmt,
wird dann doch gütig lächeln.
Wenn wir im Traume eines ewigen Traumes
alle unfeindlich sind – einmal im Jahr! –,
uns alle Kinder fühlen eines Baumes.
Wie es sein soll,
wie's allen einmal war.

Joachim Ringelnatz

14

Ach, und wenn es dann Abend wurde und die verschlossene Tür sich weit auftat, Geheimnisse sich enthüllten und alles voll Glanz und Freude war! Weihnachtsfreude, Kinderseligkeit, so oft geschildert, so oft besungen, wer fände aber doch die rechten Worte, alles das ganz auszusprechen!

Monika Hunnius

Kinderweihnacht

Weihnachten! Welch ein Zauber liegt in diesem Wort! Mir ist es immer, als öffnete sich damit der Blick in den Sternenhimmel, und die Freude funkelte herab, auch in die Dunkelheit trüber Zeiten. Man stellte seine Sorgenlast für eine Weile beiseite und befreite seine Seele, damit sie hell dastehe, frei vom Alltagsstaub, und das Licht aufnimmt und widerstrahlt, Liebe empfängt und Liebe gibt. In wie vielen Herzen, die von der Not des Lebens dunkel geworden sind, strahlt das Licht der Weihnachtsfreude, lehrt sie aufschauen und wieder an das Licht glauben, wie viel Ohren, die sich verschlossen hatten, tun sich auf bei dem Klang der Weihnachtsglocken und horchen auf die frohe Botschaft, die uns allen verkündet wird … Gesegnet sei darum unser liebes Weihnachtsfest! –

Wie herrlich waren schon die Vorbereitungen! Die ganze Adventszeit war so voller Erwartung; der bunte Adventsstern, der vom ersten Advent an in unserem Zimmer hing, die Advents- und Weihnachtslieder, die wir mit unserer Mutter sangen, und die Geheimnisse, die um uns entstanden …!

Wie köstlich war es, wenn Mutter dazwischen in ihrem Zimmer verschwand und wir nicht hineinkommen durften! Wenn sie auf Besorgungen ging, bei denen wir sie nicht begleiten durften und von wo sie mit großen, geheimnisvollen Paketen wieder heimkam! Wie köstlich war es, auf dem Fußboden von Mutters Zimmer dazwischen ein Stückchen Schaumgold zu finden! Wir dachten ganz sicher, die Engel hätten es von ihren Flügeln verloren.

Und dann war plötzlich der Weihnachtsabend da! Geheimnisvoll rauschend wurde der Tannenbaum durch das Haus getragen, mit Herzklopfen lauschten wir, in unserem Kinderzimmer eingeschlossen, wie die Zweige unsere Tür streiften. Von diesem Augenblick an war das Wohnzimmer für uns den ganzen Tag verschlossen. Unsere Puppen saßen schon längst festlich gekleidet auf dem Fensterbrett und durften all die Herrlichkeiten früher als wir sehen. Wir lagen auf dem Fußboden und versuchten, durch die Ritze der Tür irgendeinen Schimmer der Herrlichkeit zu erspähen.

Der Stern

Hätt einer auch fast mehr Verstand
als wie die drei Weisen aus Morgenland
und ließe sich dünken, er wär wohl nie
dem Sternlein nachgereist wie sie;
dennoch, wenn nun das Weihnachtsfest
seine Lichtlein wonniglich scheinen lässt,
fällt auch auf sein verständig Gesicht,
er mag es merken oder nicht,
ein freundlicher Strahl
des Wundersterns von dazumal.

Wilhelm Busch

Der Stern der Mitte

Ein weiser Mann aus dem Morgenland hatte nach Jahren mühseliger Arbeit aus den Gesteinen der Erde einen Stern zusammengesetzt, in dem die feinsten Kräfte des Lebens gebannt waren. Was dem Weisen Schönes und Wertvolles begegnet war, hatte er in Kristalle verwandelt und dem Stern eingefügt.
Als der Wunderstern vollendet war, ließ er eine prächtige Schauhalle errichten. Hoch oben in der Kuppel befestigte er seinen Stern. Um ihn her liefen goldene Lettern, die in einer fremden Sprache folgenden Spruch trugen:

Weib oder Mann, sieh mich gläubig an,
dann leuchtet tief, was verborgen schlief,
dann wird zum Kern der Dinge Gestalt,
dann wird zur Ohnmacht fremde Gewalt,
dann wird zum Helden das Kind, der Tor,
dann klimmt ein Mensch zu Gott empor!

Tausende von Wanderern kamen täglich durch die Wunderhalle und bestaunten die Pracht und die Schätze, jedoch den Stern hoch oben in der Deckenwölbung sah niemand gläubig an.
Da kam eines Tages ein armes Findelkind in das Gewölbe. Heimatlos und elternlos war der Knabe ausgezogen, aber seine Augen waren voll Sonne und sein Herz voll Güte. Er sang in den blauen Himmel hinein und sein trocknes Brot mundete ihm wie köstliches Manna. Ehrfurchtsvoll trat er in das hohe Tor, ließ seine staunenden Blicke langsam durch das Gewölbe gleiten und sah entzückt auf zur Kuppel. Da war ihm, als ob das ganze Bauwerk fern oben in der Mitte zusammenfloss und als ob sich goldne Ströme in langen Bahnen aus dem leuchtenden Stern in die Halle zurück ergössen. Immer wieder sah er hinab – hinauf – seine Augen wurden weit vor staunender Erkenntnis, und wie zum Gebet schlossen sich seine Hände.
Da erfüllte sich das Wunder, das dem Stern innewohnte: Er fing an, sich zu drehen und dem Knaben sein verborgenes Farbenspiel zu zeigen. Weich und

Hört ihr das Weihnachtsläuten, hört ihr den frohen Klang?
Wie holde Engelsstimmen ertönet Festgesang.
Und zauberhafter Schimmer erfüllt den ganzen Raum
und goldne Kerzen flackern am grünen Tannenbaum.
Die Weihnacht ist gekommen und hat mit ihrer Pracht
die Herzen all gefangen, sie hell und froh gemacht!

Volksgut

16

Doch eines Tages ließ der liebe Gott zur Strafe die Himmelstore zumachen und sagte zu den Engeln: „Hört auf mit eurer Musik; denn ich bin traurig!“ Da wurden die Engel auch betrübt und setzten sich jeder mit seinem Notenblatt auf eine Wolke und zerschnitzelten die Notenblätter mit ihren kleinen goldenen Scheren in lauter einzelne Stückchen; die ließen sie auf die Erde hinunterfliegen. Hier nahm sie der Wind, wehte sie wie Schneeflocken über Berg und Tal und zerstreute sie in alle Welt. Und die Menschenkinder haschten sich jeder ein Schnitzel, der eine ein großes und der andere ein kleines, und hoben sie sorgfältig auf und hielten die Schnitzel sehr wert; denn es war ja etwas von der himmlischen Musik, die so wundervoll geklungen hatte. Aber mit der Zeit begannen sie sich zu streiten und zu entzweien, weil jeder glaubte, er hätte das Beste erwischt; und zuletzt behauptete jeder, das, was er hätte, wäre die eigentliche himmlische Musik, und das, was die anderen besäßen, wäre eitel Trug und Schein. So steht es noch heute.

Wenn aber der Jüngste Tag kommen wird, wo die Sterne auf die Erde fallen und die Sonne ins Meer und die Menschen sich an der Himmelspforte drängen wie die Kinder zu Weihnachten, wenn aufgemacht wird, da wird der liebe Gott durch die Engel alle die Papierschnitzel von seinem himmlischen Notenbuch wieder einsammeln lassen, die großen ebenso wohl wie die kleinen, und selbst die ganz kleinen, auf denen nur eine einzige Note steht. Die Engel werden die Stückchen wieder zusammensetzen, und dann werden die Tore aufspringen, und die himmlische Musik wird aufs Neue erschallen, ebenso schön wie früher. Da werden die Menschenkinder verwundert und beschämt dastehen und lauschen und einer zum andern sagen: „Das hattest du! Das hatte ich! Nun aber klingt es erst wunderbar herrlich und ganz anders, nun wo alles wieder beisammen und am richtigen Orte ist!“

Ja, ja! So wird‘s. Ihr könnt euch darauf verlassen.

Nach Richard von Volkmann-Leander

Die himmlische Musik

Als noch das goldene Zeitalter war, wo die Engel mit den Bauernkindern auf den Sandhaufen spielten, standen die Tore des Himmels weit offen, und der goldene Himmelsglanz fiel aus ihnen wie ein Regen auf die Erde herab. Die Menschen sahen von der Erde in den offenen Himmel hinein; sie sahen oben die Seligen zwischen den Sternen spazieren gehen, und die Menschen grüßten hinauf, und die Seligen grüßten herunter. Das Schönste aber war die wundervolle Musik, die damals aus dem Himmel sich hören ließ. Der liebe Gott hatte dazu die Noten selber aufgeschrieben, und tausend Engel führten sie mit Geigen, Pauken und Trompeten auf. Wenn sie zu ertönen begann, wurde es ganz still auf der Erde. Der Wind hörte auf zu rauschen, und die Wasser im Meer und in den Flüssen standen still. Die Menschen aber nickten sich zu und drückten sich heimlich die Hände.

CAFÉ
Was das Herz begehrt

ZUR LETZTEN HOFFNUNG
17
Geschenke

Persönlichkeit, ihr Fühlen träfe. Noch einen Tag. Vor sechs Monaten hast du einen tollen Reif gesehen. Hast aber nicht an Weihnachten gedacht. Idiooooott! Jetzt gibt es nichts. Warum musstest du dich auf Armreife festlegen? Bist nicht flexibel genug. Steckst nun in der Sackgasse.
In der Maximilianstraße hast du mal was Schönes für sie gekauft. Arschteuer, schweißausbruchteuer. Egal jetzt. Noch zwei Stunden! Du kannst nicht ohne was kommen. Kannst ihr keinen Gutschein geben. Kannst nicht sagen, das Geschenk sei gestohlen worden. Kannst nicht sagen, auf der ganzen Welt gebe es keinen Gegenstand, schön genug für sie. Ob der Laden noch offen hat? Du schwitzt. Kann sein, dass heute Abend alles zu Ende ist. Dass deine Hände leer sein werden. Dass es dein letztes Weihnachten ist. Dass sie weint. Dass dein Sohn sie trösten muss.
Du stürzt ins Geschäft. Der Laden zur letzten Hoffnung. Geben Sie mir einen Armreif, Mann! Sie haben doch nur diesen einen? HER! Hier geht's um die Existenz. Du wirst sagen, dass er zu ihr passt. Du weißt genau, dass er nicht zu ihr passt. Du weißt, dass sie das auch sagen wird. Du wirst sagen, dass du es anders siehst. Wirst quatschen. Dass der klobige Reif ihre Zartheit betont. Die Eleganz ihres Handgelenkes hervorhebt. Dass aus diesem Widerspruch Spannung erwächst. Dass du das schön findest.
Kann man umtauschen? Kann man. Wird man. Ich komme wieder. Erst mal schenken. Das ist jetzt das Wichtigste. Nächstes Jahr wirst du die Geschenke übers Jahr verteilt kaufen. Hier was mitnehmen, da was auswählen, dort was bestellen. Sehr locker sein. Nächstes Jahr.

Axel Hacke

Der Laden zur letzten Hoffnung

Jedes deiner Jahre beginnt mit umfassender Entspannung. Alles ist geschenkt. Niemand hat mehr was zu bekommen. Bis Weihnachten: ein Jahr! Und in diesem Jahr wirst du Weihnachtsgeschenke nicht kurz vorm Fest kaufen wie bisher, sondern übers Jahr verteilt erwerben. Hier was mitnehmen, dort was bestellen. Sehr locker sein.

Dann vergehen Wochen, Monate. Weihnachten hast du im Griff, denkst du. Weihnachten ist weit. Nach den Sommerferien ruft Mutter an: Was du dir zu Weihnachten wünschst? Sie wolle allmählich … Plane gern … Fahre zur Kur vorher …

Da steigt ein Gefühl in dir hoch. Weihnachten! Schon will man wissen, was du dir wünschst. Dass Weihnachten nicht komme, wünschst du dir. Oder nicht so bald. Noch drei Monate! Anfang Oktober: die Kataloge, Philip Morris Design Shop, Manufactum. Heine, formschöne Saftpressen, unbesiegbare Radiowerke, Füllfederhalter, dick wie Maiskolben. Da wird man in der Not was kriegen. Das ist dein Netz. Das entspannt dich wieder.

Dann aber Dezember. Komischerweise hast du da immer besonders viel Arbeit. Eines Abends fragst du deine Frau: was sie sich wünsche. (Vielleicht sagt sie ja was.) Im September hat sie mal gesagt, was sie sich wünsche, so en passant. Du hast es vergessen. Sie jetzt schnippisch. Ob dir nichts einfalle? Natüüüüürlich, sagst du, wolltest nur wissen, ob zusätzlich zu dem, was du bereits habest, noch ein klitzekleiner Wunsch da sei … Nein, nichts. Sie freue sich auf die Überraschung. Ächz. Ein Fehler! Der Druck wird groß. Du spürst ihn, oh, wie du ihn spürst.

Du kaufst jetzt kleinere Dinge, Onkel, Tanten. Dann die schwierigeren, Schwiegereltern. Den Sohn, dafür sorgt deine Frau. Und deine Frau selbst? Noch drei Tage. Du hast nichts. Du musst den Christbaum … Und den Wein … Noch zwei Tage. Mal in die Schmuckgeschäfte! Letztes Jahr hast du ihr einen Ring geschenkt, vorletztes eine Kette. Diesmal: Armreif? Armreife sind schwierig. Die Schmuckidioten machen alles Mögliche, nur keine guten Armreife. Alles mächtig, fett, protzig. Nichts Feines, Zartes, das ihre

Schenken heißt
einem anderen das geben,
was man am liebsten
selber behalten möchte.
Selma Lagerlöf

18

Weihnachtszeit ist **Naschzeit**, darum sind auch selbst gemachte Süßigkeiten eine schöne Gabe.
Leckere **Bruchschokolade** selber machen geht ganz leicht und schnell und kann auf den persönlichen Geschmack hin ausgerichtet werden. Wir gießen geschmolzene weiße, helle oder dunkle Schokolade in eine mit Backpapier ausgelegte Kastenform (oder auf ein Backblech, wenn wir größere Mengen brauchen) und streuen darauf nach Belieben Mandelsplitter, Haselnusskrokant, gehackte Trockenfrüchte, Orangenzesten, Orangeat und Zitronat, kandierten Ingwer, Kokosstreifen, Pistazien, Rosinen, Cranberries, grobes Meersalz, Chiliflocken, Lavendelblüten, bunte Zuckerstreusel, -herzen oder -sternchen … Für **Veganer** gibt es vielerorts vegane Schokolade – sie freuen sich bestimmt besonders über so ein individuelles Geschenk. Das Ganze fest werden lassen, in Stücke brechen und in hübsche Tütchen oder Schraubgläser füllen. Eine Schleife drum, ein Tannen-, Ilex- oder Mistelzweiglein dran, fertig!

Etwas mehr Arbeit machen **Energy Balls**, für die es jede Menge Rezepte im Internet gibt: Aus gehackten Nüssen, Karotten, Haferflocken usw. werden kleine Bällchen gerollt, dann in Kakao, Vanillezucker oder Kokosraspeln gewälzt. Das macht auch Kindern Spaß, und sie haben so eigene Geschenke für liebe Leute. Die schön verpackten Energy Balls bekommen liebevolle Geschenkanhänger: „Seelennahrung/Kraftfutter/Energiespender für Dich", „Viel Glück im neuen Jahr", „Bleib fit und gesund!"

Weitere DIY-Geschenkideen sind bereits am 7. Dezember beschrieben.
Viel Freude beim Werkeln!

Weihnachtszeit – Geschenkezeit

Kinder schreiben Wunschzettel: an das Christkind, an den Weihnachtsmann. Selbst wenn sie schon nicht mehr so ganz an die beiden glauben … Da fällt das Wunscherfüllen vergleichsweise leicht. Viel schwerer ist unsere Erwachsenenwelt zu beschenken, weil meist jeder schon alles hat, nichts mehr braucht, für nichts mehr Platz hat oder keine konkreten Wünsche äußert.
In vielen Familien und Freundeskreisen gilt heute deshalb die Abmachung: Wir schenken uns nichts. Schade eigentlich. Weil Schenken dem Schenker selbst so viel Freude macht. Schenken mit Herz, erspüren, womit man jemandem doch noch eine echte Freude bereiten könnte. Es gibt Menschen, die sammeln schon das ganze Jahr über in einer speziellen Schublade kleine Geschenke fürs kommende Weihnachten. Aber die meisten von uns überrascht der Dezember alle Jahre wieder unvorbereitet. Und wieder machen wir uns auf, in überfüllten Kaufhäusern beliebige Notgeschenke zu besorgen. Hier ein paar Ideen für den vorweihnachtlichen Geschenke-Engpass in **letzter Minute**.

Aus meiner Kindheit erinnere ich mich an eine ganz besondere Gabe von meiner Großmutter; sie nannte es **Wunderknäuel**. Wer jemanden beschenken möchte, der gern strickt, webt oder häkelt, kann es nachahmen:
Einen Strang Wolle zum Knäuel aufrollen und dabei klitzekeine, silbern verpackte Sachen mit einwickeln. Für Kinder eignen sich Bonbons, Münzen, ein Schmuckstück, Glücksschweinchen, Radiergummi, eine winzige Lipgloss-Dose o.ä. Für die „Großen" gibt es ein paar selbst geschriebene Zettelchen mit liebevollen Botschaften, kurzen Sprüchen, guten Wünschen. Jedes Mal ist es eine Freude, wenn so eine kleine eingerollte Überraschung aus dem Wunderknäuel zutage kommt!

19

Was war geschehen? Zehn Knaben hatten sich im Hof zusammengetan und beschlossen, dass auch ich zu Weihnachten meine Apfelsine haben müsse. So hatte jeder die seine geschält und eine Scheibe abgetrennt. Die zehn abgetrennten Scheiben hatten sie sorgfältig zu einer neuen, schönen und runden Apfelsine zusammengesetzt.
Diese Apfelsine war das schönste Weihnachtsgeschenk in meinem Leben. Sie zeigte mir, wie trostvoll echte Kameradschaft sein kann.

Nach Charles Dickens

Nur die Liebe vermag den Wandel vom Dunkelsein
zur Lichtwerdung zu vollbringen.
Die Liebe will immer Weihnachten feiern,
will anzünden und angezündet werden, beschenken und
behangen werden mit bunterlei Sternen.
Störe die Weihnacht nicht – über sie leuchtet der Engel der Liebe.
Trenne Liebende nicht – über sie leuchtet der Stern der Weihnacht.

Else Lasker-Schüler

Die Apfelsine des Waisenknaben

Schon als kleiner Junge hatte ich meine Eltern verloren und kam mit neun Jahren in ein Waisenhaus in der Nähe von London. Es war mehr ein Gefängnis. Wir mussten vierzehn Stunden am Tag arbeiten – im Garten, in der Küche, im Stall, auf dem Feld. Kein Tag brachte eine Abwechslung, und im ganzen Jahr gab es für uns nur einen einzigen Ruhetag: Das war der Weihnachtstag. Dann bekam jeder Junge eine Apfelsine zum Christfest. Das war alles. Keine Süßigkeiten, kein Spielzeug. Aber auch diese eine Apfelsine bekam nur derjenige, der sich im Laufe des Jahres nichts hatte zuschulden kommen lassen und immer folgsam war. Diese Apfelsine an Weihnachten verkörperte die Sehnsucht eines ganzen Jahres.

So war wieder einmal das Christfest herangekommen. Für mein Knabenherz bedeutete es aber fast das Ende der Welt. Während die anderen Jungen am Waisenhausvater vorbeischritten und jeder seine Apfelsine in Empfang nahm, musste ich in einer Zimmerecke stehen und zusehen. Das war meine Strafe dafür, dass ich im Sommer eines Tages hatte aus dem Waisenhaus weglaufen wollen. Als die Geschenkeverteilung vorüber war, durften die anderen Knaben im Hof spielen. Ich aber musste in den Schlafraum gehen und dort den ganzen Tag über im Bett liegenbleiben. Ich war tief traurig und beschämt. Ich weinte bitterlich und wollte nicht länger leben.

Nach einer Weile hörte ich Schritte im Zimmer. Eine Hand zog die Bettdecke weg, unter die ich mich verkrochen hatte. Ich blickte auf. Ein kleiner Junge namens William stand vor meinem Bett, hatte eine Apfelsine in der rechten Hand und hielt sie mir entgegen. Ich wusste nicht, wie mir geschah. Wo sollte eine überzählige Apfelsine hergekommen sein? Ich sah abwechselnd auf William und auf die Frucht und fühlte dumpf in mir, dass es mit dieser Apfelsine eine besondere Bewandtnis haben musste.

Auf einmal bemerkte ich, dass die Apfelsine bereits geschält war – und als ich näher hinblickte, wurde mir alles klar. Tränen traten in meine Augen. Als ich die Hand ausstreckte, um die Frucht entgegenzunehmen, da wusste ich, dass ich fest zupacken musste, damit sie nicht auseinanderfiel.

20

Jetzt lockerte der Wirt zum ersten Mal seine starre Haltung und schaute auf Maria herab. Dann folgte eine lange Pause, so lang, dass es für die Zuhörer schon ein bisschen peinlich wurde. „Nein! Schert euch fort!", flüsterte der Souffleur aus der Kulisse. „Nein!", wiederholte Walter automatisch. „Schert euch fort!"

Traurig legte Joseph den Arm um Maria, und Maria lehnte den Kopf an die Schulter ihres Mannes. So wollten sie ihren Weg fortsetzen. Aber der Wirt ging nicht wieder in seine Herberge zurück. Walter blieb auf der Schwelle stehen und blickte dem weiterziehenden Paar nach – mit offenem Mund, die Stirn sorgenvoll gefurcht, und man sah deutlich, dass ihm die Tränen in die Augen traten. Und plötzlich wurde dieses Krippenspiel anders als alle bisherigen.

„Bleib hier, Joseph", rief Walter. „Bring Maria wieder her." Walter Bullings Gesicht verzog sich zu einem breiten Lächeln. „Ihr könnt mein Zimmer haben."

Manche Leute meinten, Walter habe das Spiel verdorben. Aber viele, viele andere hielten es für das weihnachtlichste aller Krippenspiele, die sie je gesehen hatten.

Dina Donohue

Kein Raum in der Herberge

Walter Bulling war gerade neun Jahre alt geworden und ging in die zweite Grundschulklasse, obwohl er eigentlich in der vierten hätte sein sollen. Er war groß und unbeholfen, langsam in seinen Bewegungen und im Denken, aber seine Klassenkameraden mochten ihn.

Er war stets hilfsbereit, gutmütig und heiter und der geborene Beschützer der Jüngeren. Eigentlich wäre Walter im Krippenspiel gern ein Schäfer mit einer Flöte gewesen, aber Fräulein Schmitt hatte ihm eine wichtigere Rolle zugedacht. Der Wirt hatte schließlich nur wenige Zeilen zu sprechen – so überlegte sie sich –, und Walters Größe würde der Weigerung, Joseph und Maria zu beherbergen, mehr Nachdruck verleihen.

So versammelte sich wie gewohnt die zahlreiche Zuhörerschaft zu der alljährlichen Aufführung der Weihnachtsgeschichte mit Hirtenstäben und Krippe, Bärten, Kronen, Heiligenscheinen und einer ganzen Bühne voll heller Kinderstimmen. Doch weder auf der Bühne noch im Zuschauerraum gab es jemanden, der vom Zauber dieses Abends mehr gefangen war als Walter Bulling. Es kam der Augenblick, wo Joseph auftrat und Maria behutsam vor die Herberge führte. Joseph pochte laut an die Holztür, die man in die gemalte Kulisse eingesetzt hatte. Walter als Wirt stand dahinter und wartete. „Was wollt ihr?", fragte er barsch und stieß die Tür heftig auf. „Wir suchen Unterkunft." – „Sucht sie anderswo."

Walter blickte starr geradeaus, sprach aber mit kräftiger Stimme. „Die Herberge ist voll." – „Herr, wir haben überall vergeblich gefragt. Wir kommen von weit her und sind sehr erschöpft." – „In dieser Herberge gibt es keinen Platz für euch." Walter blickte streng. „Bitte, lieber Wirt, das hier ist meine Frau Maria. Sie ist schwanger und braucht einen Platz zum Ausruhen. Ihr habt doch sicher ein Eckchen für sie. Sie ist so müde."

Bäume leuchtend, Bäume blendend,
überall das Süße spendend,
in dem Glanze sich bewegend,
alt und junges Herz erregend.
Solch ein Fest ist uns bescheret,
mancher Gaben Schmuck verehret;
staunend schaun wir auf und nieder,
hin und her und immer wieder.

Johann Wolfgang von Goethe

21

Die Kinder traten ans Fenster, und da sahen sie im Osten das Morgenrot glühen und vor dem Haus viele Kinder stehen, die goldene Harfen hielten und mit silbernen Kleidern angetan waren. Erstaunt und verwundert starrten sie zum Fenster hinaus. Da berührte sie ein leiser Schlag, und als sie sich umwandten, sahen sie das fremde Kind vor sich stehen. Das hatte ein Kleid an von funkelndem Gold und auf dem Haupt eine Krone und sprach zu ihnen: „Ich bin das Christkind, das in der Welt umherwandelt, um guten Menschen Glück und Freude zu bringen. Ihr habt mich beherbergt diese Nacht, weil ihr mich für ein armes Kind hieltet, und ihr sollt nun meinen Segen haben."

Dann ging es mit den Kindern hinaus, nahm ein Reis von einem Tannenbaum, der am Haus stand, pflanzte es in den Boden und sprach: „Dieses Reis soll zum Baum werden und soll euch alljährlich Früchte bringen." Und alsbald verschwand es mit den Engeln. Das Tannenreis aber schoss empor und wurde zum Weihnachtsbaum; der aber war behangen mit goldenen Äpfeln und Silbernüssen und blühte alle Jahre wieder.

Nach Franz von Pocci

Weihnachtsmärchen

Es lebte einmal ein armer Holzhacker am Rand des Waldes, der hatte eine Frau und zwei Kinder: Valentin und Marie, die waren ihrer Eltern Freude und halfen ihnen fleißig bei der Arbeit. Als die guten Leute eines Winterabends, da es draußen schneite und wehte, zusammensaßen, da pochte es leise ans Fenster, und ein feines Stimmchen rief draußen: „Oh lasst mich ein in euer Haus! Ich bin ein armes Kind und habe nichts zu essen und kein Obdach und fürchte, vor Hunger und Frost umzukommen. Oh lasst mich ein!"

Da sprangen Valentin und Mariechen vom Tisch auf, öffneten die Tür und sagten: „Komm herein, armes Kind, wir haben selber nicht viel, aber doch immer mehr als du, und was wir haben, das wollen wir gern mit dir teilen."

Das fremde Kind trat ein und erwärmte sich am Ofen die erstarrten Glieder, und die Kinder gaben ihm zu essen, was sie hatten, und sagten: „Du wirst wohl müde sein. Komm, leg dich in unser Bettchen, wir wollen auf der Bank schlafen." Da sagte das fremde Kind: „Dank es euch mein Vater im Himmel."

Mitten in der Nacht aber erwachte die kleine Marie und weckte leise ihren Bruder: „Valentin, wach auf, wach auf! Hör doch mal die schöne Musik vor unserem Fenster!" Da rieb sich Valentin die Augen und lauschte. Es war ein wunderbares Klingen und Singen vor dem Haus. Und ganz deutlich hörten sie die Worte:

Oh heil'ges Kind, wir grüßen dich
mit Harfenklang und Lobgesang.
Du liegst in Ruh, du heilig Kind;
wir halten Wacht in dunkler Nacht.
Oh Heil dem Haus, in das du kehrst!
Es wird beglückt und hoch entzückt!

22

Es dauerte sehr, sehr lange, und es schauten schon die ersten Sterne der Heiligen Nacht auf die Erde hinab und der kleine Tannenbaum war schon wieder ganz traurig geworden, dass er nun doch wieder kein Weihnachtsbaum sein würde. Aber da kam endlich eine ganze kleine Gesellschaft herbeigeeilt: der Wicht und hinter ihm sieben Lichtlein – und auch eine Zündholzschachtel, die mit ihren kurzen Beinchen nur mühsam durch den Schnee wackeln konnte. Der kleine Wicht sagte stolz: „Alle meine Bekannten sind mitgekommen – sieben Lichtlein aus allervornehmstem Wachs, darunter sogar ein buntes, und auch die Zündholzschachtel ist aus einer besonders guten Familie, denn sie zündet nur an der braunen Reibfläche. Jetzt wirst du also ein Weihnachtsbaum werden. Das große Pfefferkuchenherz will auch noch kommen. Eine Bedingung hat es freilich gemacht: Es muss gegessen werden, denn das müssen alle Pfefferkuchenherzen, das ist nun mal so. Der Dachs hat mir versprochen, das morgen zu erledigen."
Dann verschwand der Wicht in seinem Erdloch. Die Lichtlein aber sprangen auf den kleinen Tannenbaum hinauf und die Zündholzschachtel zog sich ein Zündholz nach dem anderen aus dem Magen und steckte alle Lichtlein an. Und wie sie so leuchteten im tiefverschneiten Wald, da erschien auch noch keuchend das Pfefferkuchenherz und hängte sich sehr freundlich und verbindlich mitten in den grünen Tannenbaum. Der war überglücklich, dass er nun doch ein Weihnachtsbaum geworden war.
Am anderen Morgen kam der Dachs, um sich das Pfefferkuchenherz zu holen. Aber das hatten die kleinen Englein schon gegessen, die ja in der Heiligen Nacht auf die Erde dürfen und so gern die Pfefferkuchenherzen speisen. Da hat der Dachs ganz furchtbar auf den kleinen Tannenbaum geschimpft. Dem aber war das ganz einerlei, denn wer einmal in seinem Leben seine heilige Weihnacht gefeiert hat, den stört auch der frechste Frechdachs nicht mehr.

Nach Manfred Kyber

Der kleine Tannenbaum

Es war einmal ein kleiner Tannenbaum im tiefen Wald, der wollte so gerne ein Weihnachtsbaum sein. Aber der strenge heilige Nikolaus erlaubt das nur den Tannen, die dafür ganz ordnungsmäßig in seinem dicken Buch aufgeschrieben sind. Damit geht er im Wald herum in den kalten Winternächten und sagt es allen, die zum Weihnachtsfest bestimmt sind. Dann erschauern die Tannen vor Freude und neigen sich dankend und dazu leuchtet des Heiligen Heiligenschein und das ist sehr schön und sehr feierlich.

Manches Jahr schon ist der heilige Nikolaus an dem kleinen Tannenbaum vorbeigegangen, aber der war eben nicht ordnungsmäßig vermerkt – und da ist er sehr, sehr traurig geworden und hat so schrecklich geweint, dass es ordentlich tropfte von allen Zweigen.

Das hörte ein kleiner Wicht, der ein grünes Moosröcklein trug, einen grauen Bart und eine feuerrote Nase hatte und in einem dunklen Erdloch wohnte. Er war ein ganz boshaftes kleines Geschöpf. Aber den Tannenbaum mochte es gerne leiden, weil es oft von ihm ein paar grüne Nadeln für sein gläsernes Pfeifchen geschenkt bekam – und darum kam er auch gleich heraus, als er den Tannenbaum weinen hörte, und hat gefragt: „Warum weinst du denn so schrecklich, dass es tropft?"

Da erzählte der kleine Tannenbaum ihm sein Herzeleid. Der Wicht war begeistert davon, dass der kleine Tannenbaum so gerne ein Weihnachtsbaum sein wollte, und sagte bedächtig: „Vielleicht kann ich dir helfen. Ich bin mit einigen Wachslichtern, darunter mit einem ganz bunten, befreundet, und die will ich bitten, zu dir zu kommen. Auch kenne ich ein großes Pfefferkuchenherz, allerdings nur flüchtig – aber ich will sehen, was sich machen lässt. Bitte weine nicht mehr so schrecklich, dass es tropft." Damit wanderte der kleine Wicht los durch den tiefen weißverschneiten Wald, der fernen Stadt zu.

23

Weihnachten

Markt und Straßen stehn verlassen,
still erleuchtet jedes Haus,
sinnend geh ich durch die Gassen,
alles sieht so festlich aus.

An den Fenstern haben Frauen
buntes Spielzeug fromm geschmückt,
tausend Kindlein stehn und schauen,
sind so wunderstill beglückt.

Und ich wandre aus den Mauern
bis hinaus ins freie Feld.
Hehres Glänzen, heil'ges Schauern,
wie so weit und still die Welt!

Sterne hoch die Kreise schlingen,
aus des Schnees Einsamkeit
steigt's wie wunderbares Singen –
o du gnadenreiche Zeit!

Joseph von Eichendorff

Wie mein Vater Weihnachten feierte

An dem Wege, den er zu meinen Lebzeiten ging, brennen dreißig Tannenbäume, und alle hatte seine Hand geschmückt. Wir Kinder waren längst erwachsen, als er das Anzünden der Lichter immer noch als sein Hausvaterrecht beanspruchte; keiner von uns hätte es ihm auch abnehmen mögen. Wenn ich an seine Weihnachtsbäume zurückdenke, so überkommt mich das Gefühl, als hätten sie alle etwas vom Geheimnis an sich gehabt, eine grüngoldene Unergründlichkeit; ja, statt am Weihnachtsmorgen im Sonnenschein ihre Herrlichkeit zu verlieren, wurden sie da erst recht wunderbar und märchenhaft.
Die weitverbreitete Sitte, den Weihnachtsmann oder Nikolaus vor Kindern auftreten zu lassen, war ihm verhasst. Besonders empörte es ihn, dass man die in Schrecken gesetzten Kinder alsdann anhielt, Gebete zu sprechen und damit gleichsam die Gunst des polternden alten Herrn zu erkaufen. Dagegen hörte er immer wieder mit derselben Andacht zu, wenn unsere Mutter Weihnachtslieder spielte, wie er denn, ohne selber ein Instrument zu beherrschen, für Musik sehr empfänglich war. Er saß dann schweigend in seinem Lehnstuhl und nickte nur zuweilen den Spielenden freundlich zu.
Seine Weihnachtsfreuden begannen eigentlich schon mit der Nussernte, wenn er für die Blaumeisen im Winter Walnüsse an Fäden aufhing und ihnen eine Vorbescherung an Sonnenblumensamen darbrachte; der Tannenbaum wurde auch zu Silvester nie ganz abgeerntet, sondern mit einigen Annehmlichkeiten den Vögeln im Garten aufgestellt. Die Gabe, Pakete ungeöffnet für den Heiligen Abend aufzusparen, war ihm in nur geringem Maße verliehen. Während der Bescherung pflegte ein von ihm zusammengestellter Julklapp ins Zimmer zu fliegen. Wenn dann die Lichter eins nach dem anderen erloschen und im Nebenzimmer bereits die Teller klapperten und der Tisch gedeckt wurde, ging er mit uns Kindern aus, um fremde Weihnachtsbäume zu bestaunen. Dann hörte er nicht auf, die wunderbarsten Dinge zu erzählen, bis wir, lautlos durch den Schnee stapfend, irgendwo einen Lichterschein aufblitzen sahen und nun mit ihm stehen blieben und an der Freude unbekannter Leute, so gut wir es konnten, teilnahmen.

Heinrich Seidel

Zum 24. Dezember

Noch einmal ein Weihnachtsfest,
immer kleiner wird der Rest,
aber nehm ich so die Summe,
alles Grade, alles Krumme,
alles Falsche, alles Rechte,
alles Gute, alles Schlechte –
rechnet sich aus all dem Braus
doch ein richtig Leben heraus.
Und dies können ist das Beste
wohl bei diesem Weihnachtsfeste.

Theodor Fontane

15

glühend dehnten sich seine bunten Kreise durch das Gewölbe; und was sie berührten, wurde von eigenem Leben erfüllt oder kristallen durchsichtig und offenbarte dem Beschauer sein innerstes Wirken. Da faltete der einsame Knabe gläubig die Hände und betete. Wie ein Träumender ging er zuerst durch das Gewimmel der anderen Pilger; sie wichen scheu vor ihm, er aber merkte es nicht.

Bald jedoch erfüllte sich die Verheißung des Weisen an ihm; es war, als ob ein geheimes Licht in Menschen und Dinge hineinleuchtete. So sah er vieles, was den andern verborgen war und was er selbst nie vorher gesehen hatte. Er sah das Lebendige und das Tote und erkannte, dass ein Weizenkorn mehr sei als ein Goldkorn. Und sah den Krieg und die Bitternis und wusste, dass der Frieden ihr letztes Kind sein würde. Und er sah, dass der Tod nur ruhendes Leben und das Endliche nur ein Widerspiel des Unendlichen ist.

Und er wuchs und tat seinen Mund auf und sagte den Pilgern, was er sah. Und es ging ein Leuchten von ihm aus, sodass sie ihm glaubten und ihm anhingen. Er hatte den Stern in der Mitte gläubig angesehen.

Nach Paula Dehmel

24

Beide tippeln immer wieder in die Küche, wo der Festputer schmort, für den nebenbei noch einige Zutaten hergerichtet werden müssen. Und plötzlich fällt es den Damen ein, dass sie ihre Geschenke in hübsches Papier einschlagen und mit Schleifchen zubinden müssen – aber wo ist das Papier und wo die Schere, und riecht es jetzt nicht angebrannt aus der Küche? Und: »Jenny, ruf Cousine Hedda noch mal an!« Und: »Ein Damasttuch muss auf den Tisch!« Und: »Lia, wir haben Nüsse vergessen, wir brauchen unbedingt noch Nüsse!« Ach, und schon wieder liegen Fusseln auf dem Boden; Punsch muss auch noch gebraut werden und …

Haben sie Jesus vergessen?

Als beide Damen verschwinden, um sich ganz rasch umzukleiden und schön zu machen, da steht Jesus auf und geht leise aus dem Haus.

Draußen wird es allmählich Nacht. Hinter vielen Fenstern brennen Lichter. Die Menschen stecken in hundert Vorbereitungen für seinen Geburtstag. Und er ist wieder auf dem Weg.

Vielleicht zu euch …

Eva Rechlin

Der Besuch

Jesus ist gern unter Menschen, wenn sie Weihnachten feiern. Immerhin ist Weihnachten sein Geburtstag. So wählt er sich irgendein Haus, um dort mitzufeiern.

Um die Einsamen zu erfreuen, hat er sich nun einmal für die Wohnung zweier alter Schwestern entschieden. Es dämmert schon, als er an der Tür klingelt.

Überglücklich lassen die Damen den seltenen Gast ein, und wer würde sie nicht darum beneiden? Nur ist leider noch nicht alles fertig für die Weihnachtsfeier. Man kennt das ja: Bis zur letzten Minute gibt es hundert Vorbereitungen!

Jesus wird in die gute Stube geführt und soll noch ein bisschen warten. Jesus seufzt etwas, er kennt das allmählich. Es geht ihm fast überall so. Er setzt sich in einen dunklen Winkel und wartet und beobachtet: Die Damen sind beim Frisör gewesen, um schön zu sein für das Fest. Aber dadurch ist die Zeit knapp geworden, weil so viele Damen Weihnachten zum Frisör gehen. Jetzt muss noch Lametta an den Tannenbaum gehängt werden. Das Telefon ist dauernd in Betrieb, jeder will jedem ein frohes Fest wünschen. Die Dame Jenny kommt zwischendurch mit dem Staubsauger, um einige Tannennadeln vom Teppich zu entfernen (sie hätten Jesus nicht gestört), während die Dame Lia geschwind ihr Festkleid noch einmal aufbügelt.

Weihnachtswünsche

Wenn ein Engel zu mir käme
irgendwann zur Weihnachtszeit,
was würd ich mir da wohl wünschen,
jetzt und für die Ewigkeit?

Dass die Menschen sich mehr lieben,
sich umarmen und verstehn,
Wärme geben und empfinden:
„Diese Welt ist wunderschön."

Dass Gefühle tiefer gehen
und die Herzen fröhlich sind,
dass wir wieder lachen lernen
wie ein unbeschwertes Kind.

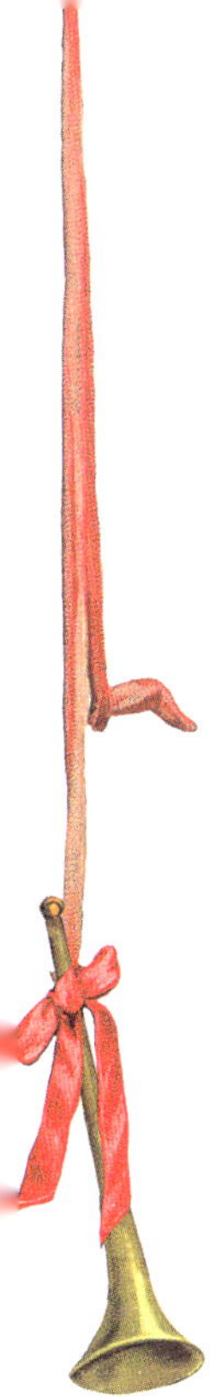

Und dass wir Verständnis haben
für die Leiden hier und heut,
dass wir helfen und verzeihen
unserm Feind und unserm Freund.

Dass wir endlich Frieden finden,
Ruhe fühlen und uns freun,
dann wird auch in unsern Herzen
wieder richtig Weihnacht sein.

Annemarie Wagner

Zum neuen Jahr

Zum neuen Jahr ein neues Hoffen,
die Erde wird noch immer grün;
auch dieser März bringt Lerchenlieder,
auch dieser Mai bringt Rosen wieder,
auch dieses Jahr lässt Freuden blühn;
zum neuen Jahr ein neues Hoffen,
die Erde wird noch immer grün!

Zum neuen Jahr ein neues Herze,
ein frisches Blatt im Lebensbuch!
Die alte Schuld sei ausgestrichen,
der alte Zwist sei ausgeglichen
und ausgetilgt der alte Fluch;
zum neuen Jahr ein neues Herze,
ein frisches Blatt im Lebensbuch!

Karl von Gerok

Zwölf mit der Post

Die Neujahrsnacht war kalt und sternenhell. Die Turmuhr schlug zwölf. „Hoch! Hoch! Hurra!“ Die Menschen des Städtchens hoben ihre Gläser und prosteten einander zu.
„Trateratra!“ Ein großer Postwagen hielt vor dem Stadttor an, voll besetzt mit zwölf Personen. Wer waren diese Fremden? Jeder führte sein Gepäck mit sich; ja, sogar Geschenke für mich und dich und alle Menschen des Städtchens. Wer waren sie, was wollten sie, und was brachten sie?
„Ihr Name?“, fragte die Schildwache den Ersten, der aus dem Wagen stieg. Der war ein ganzer Kerl, mit Bärenpelz und Fellstiefeln. „Ich bin der Mann, in den viele ihre Hoffnung setzen. Komm morgen zu mir für ein Neujahrsgeschenk! Ich gebe auch Bälle, volle einunddreißig, mehr Nächte habe ich nicht. Ich bin Kaufmann, heiße Januar und führe nur Rechnungen bei mir.“
Der Zweite war ein Bruder Lustig, Direktor der Maskenbälle und sonstiger Vergnügungen. Er trug eine große Tonne. „Aus der wollen wir zur Fastnacht die Katze herausjagen“, sagte er. „Ich habe nicht gerade lange zu leben, nur achtundzwanzig Tage. Bisweilen schalten sie mir noch einen Tag ein – aber das kümmert mich wenig, hurra! Ich bin Prinz Karneval und heiße Februarius.“
Jetzt stieg der Dritte heraus, der sah wie das leibhaftige Fasten aus und war Wetterprophet. Allein das ist kein fettes Amt, und deshalb pries er auch das Fasten. Im Knopfloch trug er ein Sträußchen Veilchen, auch die waren sehr klein.
„März! März!“, rief der Vierte ihm nach. „Los, in der Wachstube trinken sie Punsch, dein Lieblingsgetränk!“ Aber er wollte ihn nur in den April schicken ... Er sah sehr flott aus; arbeitete nur wenig; desto mehr aber machte er Feiertage. „Wenn es nur etwas beständiger in der Welt wäre“, sagte er, „aber mal ist man gut, mal schlecht gelaunt, je nachdem; bald Regen, bald Sonnenschein!“

Nach ihm kam Fräulein Mai im Sommermantel, lindgrünen Kleid und mit Anemonen im Haar, sie duftete so stark nach Waldmeister, dass die Schildwache niesen musste. „Gesundheit und Gottes Segen!", grüßte sie. Wie niedlich sie war! Und Sängerin, Sängerin des Waldes; im frischen, grünen Wald sang sie, zu ihrem eigenen Vergnügen.

Dann erschien Frau Juni, fein und stolz. Man sah ihr an, dass sie von faulen Siebenschläfern bedient zu werden gewohnt war. Am längsten Tag des Jahres gab sie große Gesellschaft, denn die Gäste sollten genug Zeit haben, alles Aufgetischte zu verspeisen.

Ihre Begleitung war ihr jüngerer Bruder Julius, ein wohlgenährter Bursche, sommerlich gekleidet und mit Panamahut. Er hatte kaum Gepäck, weil das bei großer Hitze zu beschwerlich sei; nur eine Schwimmhose hatte er dabei, und das ist nicht viel.

Nun kam die Mutter selbst, Madame August, Obsthändlerin en gros. Dick und heiß, trug sie eigenhändig den Arbeitern Bier auf das Feld hinaus. „Im Schweiß des Angesichts sollst du dein Brot essen", sagte sie, „dann erst kommen die Spazierfahrten, Tanz, Spiel und Erntefeste!" Sie war eine tüchtige Hausfrau.

Nach ihr stieg ein Maler aus, der Herr September; er war für den Wald zuständig; die Blätter mussten Farbe wechseln, und wenn er wollte, schillerten sie bald in schönstem Rot, Gelb oder Braun. Sein Farbentopf war sein ganzes Gepäck!

Ihm folgte der Gutsbesitzer, der an die Landwirtschaft, auch an die Jagdvergnügungen dachte; Herr Oktober führte Hund und Büchse mit sich, hatte Nüsse in seiner Jagdtasche – knick, knack! – und viel Reisegut dabei.

Der November stieg aus, stöhnend und hustend. Er putzte sich fortwährend die Nase, und doch meinte er, die Erkältung verliere sich schon wieder, wenn es ans Holzmachen ginge, und Holz müsse er sägen und spalten; denn er sei Sägemeister der Holzmachergilde.

Zuletzt kam das Mütterchen Dezember mit der Feuerkiepe; die Alte fror, aber ihre Augen strahlten wie zwei helle Sterne. Sie trug einen Blumentopf mit einem Tannenbäumchen. „Den will ich hegen und pflegen, damit er groß wird bis Weihnachten, vom Boden bis an die Decke, mit vielen Lichtern, goldenen Äpfeln und Figürchen. Die Feuerkiepe wärmt wie ein Ofen, ich hole das Märchenbuch heraus und lese vor. Alle Kinder werden still, die Figürchen aber lebendig und der kleine Engel auf der Spitze breitet die Flittergoldflügel aus, fliegt herab und küsst Klein und Groß in der Stube."
Wenn das Jahr vorbei ist, werde ich dir sagen, was die zwölf uns allen gebracht haben. Jetzt weiß ich es noch nicht, und sie wissen es wohl selbst nicht – denn es ist eine seltsam unruhige Zeit, in der wir leben.

Nach Hans Christian Andersen

Quellen

20. Dezember: Dina Donohue, Kein Raum in der Herberge. In: Friederike Tegge (Hrsg.), Das Weihnachtsfeier-Vorlesebuch. © 2007 SCM Verlagsgruppe GmbH, Holzgerlingen

6. Dezember: Gerhard Eberts, Das Wunder, © beim Autor

9. Dezember: Josef Guggenmos, Weihnacht, © Josef Guggenmos Erben

17. Dezember: Axel Hacke, Der Laden zur letzten Hoffnung, © beim Autor

9. Dezember: Johannes Hildebrandt, Das Wichtigste an Weihnachten, © 2022 SCM R.Brockhaus in der SCM Verlagsgruppe GmbH, Holzgerlingen

24. Dezember: Eva Rechlin, Der Besuch, © Christian Bartoschek

7., 12., 18. Dezember: Kristina Schaefer, Weihnachtsduft in jedem Raum; Weihnachtszeit – Wohlfühlzeit; Weihnachtszeit – Geschenkezeit, © bei der Autorin

11. Dezember: Elke Stockmann, Mary Christmas, © bei der Autorin

6-7 und 8-9 Annemarie Wagner, Jetzt kommt die schönste Zeit; Weihnachtswünsche, © Ursula Burkhardt

Die Heiligen Drei Könige haben dem Christkind Geschenke gebracht: Geld, Raureif und Möhren.

Alina, 5 Jahre

Wieso singen die Leute immer vom Christuskind: Kehrt mit seinem Segen? Muss das nicht heißen: Kehrt mit seinem Besen?

Mia, 4 Jahre

Ich glaube nicht mehr an den Weihnachtsmann. Ich glaube an Papa.

Sofia, 5 Jahre

Mir tun die armen Renntiere leid, die müssen in einer einzigen Nacht mit den Geschenken um die ganze Welt rennen!

Marco, 6 Jahre